AF457751

Estampes 8° 1898-Mai-18

COLLECTION L. CONQUET

EAUX-FORTES

GRAVURES

Dessins, Aquarelles

VENTE DU MERCREDI 18 MAI 1898

Me Maurice DELESTRE	M. L. DUMONT
COMMISSAIRE-PRISEUR	EXPERT, MARCHAND D'ESTAMPES
Rue Saint-Georges, 5	*Rue Laffitte, 27*

PARIS — 1898

IMPRIMERIE MAULDE ET RENOU

MAULDE, DOUMENC & C[ie]

IMPRIMEURS DE LA COMPAGNIE DES COMMISSAIRES-PRISEURS

Rue de Rivoli, 144. — Paris

COLLECTION L. CONQUET

EAUX-FORTES, GRAVURES

Bracquemond, Dubouchet, Ganjean
Gaillard, Jacquemart, Jasinski, De Mare
Meissonier, F. Rops, Willette

DESSINS, AQUARELLES

Adeline, Avril, Fraipont, Robaudi, Toudouze

VIGNETTES

Portraits pour illustrations

DONT LA VENTE AURA LIEU

HOTEL DES COMMISSAIRES-PRISEURS

RUE DROUOT, Nº 9, SALLE Nº 9

Le Mercredi 18 Mai 1898

A DEUX HEURES PRÉCISES

Par le ministère de **Mᵉ Maurice DELESTRE,** Commissaire-Priseur
rue Saint-Georges, 5

Assisté de **M. L. DUMONT,** Expert, marchand d'Estampes
rue Laffitte, 27

PARIS — 1898

CONDITIONS DE LA VENTE

Elle sera faite au comptant.

Les Acquéreurs paieront CINQ POUR CENT en sus des enchères.

L'Ordre du Catalogue sera suivi.

MM. les Amateurs pourront visiter la Collection chez M. L. DUMONT, 27, rue Laffitte, *pendant les huit jours qui précèdent la vente, de une heure à six heures du soir.*

M. L. DUMONT *se charge des commissions des personnes qui ne pourraient assister à la vente.*

MAULDE, DOUMENC et Cie, imprimeurs de la Compagnie des Commissaires-Priseurs, rue de Rivoli, 144. 1000—74067

DÉSIGNATION

EAUX-FORTES & GRAVURES MODERNES

ABOT

1 — Jeune Fille au chat, d'après Chaplin.

Très belle épreuve d'artiste avec remarque sur vélin. Signée.

BIOT

2 — Aglaé et Boniface touchés par la grâce divine d'après Cabanel.

Très belle épreuve d'artiste avec remarque sur Chine.

BOCOURT

3 — Portrait de Daniel Vierge.

Très belle épreuve d'artiste avec dédicace.

BOISSON

4 — Liotard, d'après lui-même, — Le Syndic Mussard, — madame d'Épinay, — Marie-Thérèse, d'après Liotard.

Quatre pièces, très belles épreuves d'artiste avec dédicace.

5 — La Joconde, d'après Léonard de Vinci.

Deux pièces, très belles épreuves d'artiste avec remarque sur vélin.

6 — Portrait de Ch. Sagnier.

Très belle épreuve d'artiste avec dédicace.

BOISSON

7 — Sur les Remparts, d'après Delort.

Très belle épreuve d'artiste remarque sur Chine, avec dédicace.

BRACQUEMOND (F.)

8 — Le Fou qui vend la Sagesse (cat. H. Béraldi 109).

Superbe épreuve d'artiste sur papier ancien.

9 — Ils s'en allaient dodelinant (125).

Belle épreuve.

10 — Le Retour au logis (138). — La Pépie (139).

Très belles épreuves du 1er état; bon à tirer.

11 — Un Camp en Algérie, d'après Horace Vernet (253).

Très belle épreuve d'artiste sur papier ancien.

12 — Attelage de bœufs, d'après Dubuisson (254).

Très belle épreuve d'artiste sur papier ancien.

13 — Titre inédit pour les Poëmes civiques, par A. France (434).

Très belle épreuve du 1er état sur papier ancien; excessivement rare.

14 — L'Éclipse (435).

Très belle épreuve sur papier ancien.

15 — Un Canard; titre pour les Graveurs du xixe siècle (704).

Très belle épreuve, une des dix tirées sur parchemin.

BUHOT (F.)

16 — L'Hiver de 1879 à Paris, à la place Bréda (cat. H. Béraldi 128).

Très belle épreuve d'artiste, avec dédicace.

BUHOT (F.)

17 — La Place Pigalle en 1878 (129).

Très belle épreuve d'artiste.

18 — Débarquement en Angleterre (132).

Très belle épreuve d'artiste sur papier essencé, avec dédicace.

19 — Souvenir de Barham Court (144).

Très belle épreuve d'artiste sur Japon, avec dédicace.

20 — Les Voisins de campagne (148).

Très belle épreuve d'artiste, avec dédicace.

21 — Fête Nationale au boulevard de Clichy.

Très belle épreuve d'artiste, en couleur, sur papier essencé.

BULAND (E.)

22 — Mme Récamier, d'après Gérard.

Très belle épreuve d'artiste avec remarque sur vélin. Signée.

BURNEY (E.)

23 — Le Pape Innocent X, d'après Vélasquez. — Autre Portrait.

Trois pièces, très belles épreuves d'artiste.

24 — La Vierge et l'Enfant Jésus, d'après un bas-relief du xvie siècle.

Très belle épreuve d'artiste sur Chine, avec dédicace.

25 — La même Estampe.

Très belle épreuve d'état sur Chine, avec dédicace.

26 — La Chocolatière, d'après Liotard.

Deux épreuves d'état dont une avec dédicace.

27 — Le premier baiser de l'Amour, d'après Prud'hon.

Neuf pièces, très belles épreuves d'artiste en différents états, depuis le premier jusqu'à l'état terminé, avec dédicace.

BURNEY (E.)

28 — Le Jour, d'après Michel Ange.

Deux pièces, très belles épreuves d'artiste sur Japon dont une d'état, avec dédicace.

29 — Portrait de Mlle Brandès, d'après Chartran.

Très belle épreuve d'artiste sur Japon, avec dédicace.

30 — Portrait de Mgr. de Ségur, d'après Gaillard.

Très belle épreuve d'artiste sur Japon, avec dédicace.

31 — Portraits de Monseigneur Dubar. — Monseigneur Caverot.

Trois pièces, très belles épreuves d'artiste.

32 — Portrait de Monseigneur Guibert.

Très belle épreuve d'artiste sur Japon, avec dédicace.

33 — Portrait du R. P. Jouin.

Très belle épreuve d'artiste sur Japon, avec dédicace.

34 — Portrait de Mme Adam.

Huit pièces, très belles épreuves d'artiste de différents états.

35 — Portrait de Théophile Gautier.

Très belle épreuve d'artiste avec remarque sur Chine.

36 — Portrait de Félicien Rops.

Très belle épreuve d'artiste sur Japon.

37 — Portrait de Philippe Burty.

Trois pièces, très belles épreuves d'artiste.

38 — Portrait de Corneille.

Très belle épreuve d'artiste remarque sur Japon, avec dédicace

39 — La même Estampe.

Très belle épreuve d'artiste sur Chine, avec dédicace.

BURNEY (E.)

40 — Portrait de Lebrun, d'après le buste de Coysevox.

Très belle épreuve d'artiste remarque sur Japon, avec dédicace.

41 — Portraits de M. Cornudet. — Mme P... — Portrait d'homme.

Six pièces, très belles épreuves d'artiste.

42 — Portraits de Boussingault, 3 épreuves. — Chevreul fils. — Docteur Paradis.

Six pièces, très belles épreuves d'artiste.

CALAMATTA

43 — Portrait de George Sand en habit d'homme.

Très belle épreuve d'artiste.

CARPEAUX

44 — Feuille de croquis, essai d'eau-forte.

Très belle épreuve d'artiste.

CHAMPOLLION (E.)

45 — Dans les Rêves, d'après Chaplin.

Très belle épreuve d'artiste remarque sur Japon, avec dédicace.

46 — Extase, d'après Chaplin.

Très belle épreuve d'artiste remarque sur Japon avec dédicace.

47 — Pastorales, d'après Boucher.

Deux pièces, très belles épreuves d'artiste avec remarque sur Japon. Signées.

48 — Le Choix du modèle, d'après Fortuny (petite planche.)

Très belle épreuve d'artiste sur Japon, avec dédicace.

CHAMPOLLION (E.)

49 — Un Coin de jardin, d'après Casanova.

Très belle épreuve d'artiste, avec dédicace.

50 — Sous la feuillée. — Partie champêtre, d'après Watteau.

Deux pièces, très belles épreuves d'état sur Japon avec dédicace.

51 — Salomé, d'après Benjamin Constant.

Deux pièces, très belles épreuves d'artiste remarque sur Japon, avec dédicace.

52 — Le docteur Faust, d'après J.-P. Laurens.

Très belle épreuve d'artiste sur Japon, avec dédicace.

53 — Sarah Bernhardt, d'après Bastien Lepage.

Très belle épreuve d'artiste sur Japon, avec dédicace.

CHÉRET (J.)

54 — Les Danses et les Ris, lithographie ; pièce en forme d'éventail. *(L'estampe française).*

Très belle épreuve, avec dédicace.

COPPIER (C.)

55 — L'homme à la fenêtre, d'après Meissonier.

Très belle épreuve d'artiste avec remarque sur vélin. Signée.

56 — Le Rappel des Glaneuses, d'après J. Breton. — Floréal, d'après R. Collin. — Immaculée Conception, d'après Murillo..

Trois pièces, très belles épreuves d'artiste avec remarque, sur vélin. Signées.

COURTRY (Ch.)

57 — La femme qui lit, d'après Henner. — Portrait de Rembrandt, d'après lui-même.

Deux pièces, très belles épreuves d'artiste avec remarque sur Japon. Signées.

COUTIL (L.)

58 — La Tentation de Saint Antoine, d'après A. MOROT.

Très belle épreuve d'artiste.

DAMMAN (B.)

59 — Le Champ de blé, d'après CONSTABLE. — Les Cancalaises, d'après FEYEN-PERRIN. — Idylle, d'après DEYROLLE.

Trois pièces, très belles épreuves d'artiste avec remarque.

DELATRE (A.)

60 — Le Ruisseau.

Très belle épreuve d'artiste sur Japon, avec dédicace.

DELATRE (E.)

61 — La Lecture, eau-forte en couleur.

Très belle épreuve d'artiste avec dédicace.

62 — La Pèche à la ligne, eau-forte en couleur.

Très belle épreuve d'artiste avec dédicace.

63 — L'Essayage, eau-forte en couleur.

Très belle épreuve d'artiste avec dédicace.

64 — La Promenade, eau-forte en couleur.

Deux pièces, très belles épreuves d'artiste avec dédicace.

65 — Portrait d'Auguste Delâtre, eau-forte en couleur.

Très belle épreuve d'artiste avec dédicace.

DESVACHEZ

66 — Portrait de Molière.

Très belle épreuve d'artiste sur Chine.

DETAILLE (d'après)

67 — Réception du Lord-Maire à l'Opéra, gravure sur bois par Léveillé. *(L'estampe française).*

Très belle épreuve d'artiste sur Japon, avec dédicace.

DEVÉRIA

68 — Portrait de Victor Hugo, lithographie.

Très belle épreuve sur Chine.

DIDIER, DECISY, BOUTET, etc.

69 — Saint Augustin et Sainte Monique, d'après Cabanel. — Bohémienne, d'après Frans Hals. — La Sérénade. — Le Bain, d'après Boucher.

Quatre pièces, très belles épreuves d'artiste.

DUBOUCHET (H.)

70 — La Mort de Narcisse, d'après N. Poussin.

Très belle épreuve d'artiste sur Chine, avec dédicace.

71 — Le Rêve de Sainte Cécile, d'après Baudry.

Très belle épreuve d'artiste sur Chine, avec dédicace.

72 — Portrait d'homme, d'après Raphael.

Très belle épreuve d'artiste sur Chine, avec dédicace.

73 — Michel Ange, d'après lui-même. — Les Pèlerins. — Portrait de femme. — Délivrance de Saint Pierre, d'après Téniers.

Quatre pièces, très belles épreuves avec dédicace.

FLAMENG (Fr.)

74 — Portrait de femme.

Très belle épreuve d'artiste sur Japon, avec dédicace.

FLAMENG (Léop.)

75 — Le Christ guérissant les malades, d'après Rembrandt.

Belle épreuve.

76 — Portrait de Mme Adam.

Très belle épreuve d'artiste.

FOCILLON

77 — Portrait de Femme, d'après Gainsborough.

Très belle épreuve d'artiste avec remarque. Signée.

FOCILLON, JEANNIN

78 — Madeleine en pleurs, d'après Henner. — Dans la Campagne, d'après Lerolle. — Printemps, d'après R. Collin. — Bédouins arabes, d'après Schreyer.

Quatre pièces, très belles épreuves d'artiste avec remarque sur Japon. Signées.

GAUJEAN (E.)

79 — L'Abandonné, d'après Deschamps, eau-forte en couleur.

Très belle épreuve d'artiste sur Japon, avec dédicace.

80 — Souvenirs, d'après Chaplin, eau-forte en couleur.

Très belle épreuve d'artiste remarque sur Japon, avec dédicace.

81 — La Vierge, saint Georges et saint Donatien, d'après Van Eyck.

Très belle épreuve d'artiste remarque sur Japon, avec dédicace.

82 — La Dame aux camélias, d'après Lynch.

Trois pièces, très belles épreuves d'états différents en couleur.

GAILLARD (Fr.)

83 — Vénus, — Mercure, d'après Thorwaldsen (cat. H. Béraldi 20. 21).

Deux pièces, très belles épreuves avant la lettre sur Chine.

84 — Œdipe, d'après Ingres (24).

Très belle épreuve avant la lettre sur Chine.

85 — La Tête de cire du musée de Lille (36).

Superbe épreuve d'artiste du 2e état.

86 — Dom Prosper Guéranger (38).

Très belle épreuve avant la lettre sur Chine.

87 — Portrait de Léon XIII (39.

Très belle épreuve d'artiste sur Chine.

88 — Sœur Rosalie (48).

Superbe épreuve d'artiste avec remarque sur Chine. Rare

89 — Portrait de Corneille.

Épreuve unique prise sur le calque de l'artiste.

GIGOUX (J.)

90 — Portrait d'Eugène Delacroix, eau-forte originale.

Superbe épreuve d'artiste.

GOUTIÈRE (Tony)

91 — Le duc de Bassano, d'après Isabey. — Encadrement pour un portrait de Molière.

Deux pièces, très belles épreuves d'artiste.

HENRIQUEL-DUPONT

92 — Portrait d'André Chénier, d'après J.-B. Suvée.

Très belle épreuve d'artiste sur Chine.

HENRIQUEL-DUPONT

93 — Portrait de Molière, d'après Mignard.

Très belle épreuve d'artiste sur Chine.

HUOT (A.)

94 — Phryné, d'après Marchal.

Très belle épreuve d'artiste sur Chine.

INGRES (d'après)

95 — La Source, par Salmon.

Très belle épreuve d'artiste sur Chine.

JACQUE (E.)

96 — Calendrier de 1885.

Très belle épreuve sur parchemin avec dédicace.

JACQUEMART (J.)

97 — Bijoux antiques de la collection Campana (cat. L. Gonse, 11).

Très belle épreuve d'artiste.

98 — Armes du xvie siècle (22).

Très belle épreuve d'artiste.

99 — Boîte en laque blanc (390).

Très belle épreuve d'artiste sur Japon. Rare.

100 — Reliures diverses.

Neuf pièces, belles épreuves.

JASINSKI (F.)

101 — Le Printemps, d'après Botticelli.

Très belle épreuve d'artiste remarque avec dédicace.

JASINSKI (F.)

102 — La même Estampe.

Très belle épreuve d'état avec dédicace.

103 — La Vierge, l'Enfant et saint Jean, d'après Botticelli.

Très belle épreuve d'artiste avec remarque. Signée.

104 — La Naissance de Vénus, d'après Botticelli. — Tête de Vieillard, d'après A. Durer.

Deux pièces, très belles épreuves d'artiste avec remarque. Signées.

JEANNIOT

105 — Les Terrassiers. — Aux Environs de Paris.

Deux pièces, très belles épreuves d'artiste.

LAMOTTE (A.)

106 — Souvenirs, d'après Chaplin.

Très belle épreuve sur Chine avec dédicace.

LEFORT (H.)

107 — La Cruche cassée, d'après Greuze.

Très belle épreuve d'artiste avec remarque sur vélin. Signée.

LEGRAND (L.)

108 — Mater inviolata.

Très belle épreuve d'artiste.

LEJEUNE (Baron.)

109 — Un Cosaque, croquis lithographique, 1805.

Cette pièce, très curieuse par sa date, a été faite à Munich, au retour d'Austerlitz, et imprimée chez Senefelder.

LEPÈRE (A.)

110 — Fête donnée pour l'Exposition de 1867, d'après H. Baron. *(L'Estampe française).*

Très belle épreuve d'artiste sur Japon, avec dédicace.

LURAT (A.)

111 — Joueurs de Cornemuse, d'après Teniers. — Portrait d'une petite Fille. — Tête de Fillette, d'après Carolus Duran.

Trois pièces, très belles épreuves d'artiste dont deux sur Japon, avec dédicace.

MANCHON (G.)

112 — La Leçon de Peinture, d'après Metzmacher.

Très belle épreuve d'artiste remarque sur parchemin, signée du peintre et du graveur avec dédicace.

113 — La Leçon de Peinture, d'après Metzmacher, petite planche. — Chanson champêtre, d'après Ditti. — Sur la Jetée, d'après Haquette.

Trois pièces, très belles épreuves d'artiste avec remarque. Signées.

MARE (J. de)

114 — La Mise au tombeau, d'après Le Titien.

Très belle épreuve sur Chine.

MARE (T. de)

115 — Une Fête dans un Parc, d'après Fragonard.

Très belle épreuve d'artiste sur Chine. Signée.

116 — Simonetta. — Le Braconnier.

Deux pièces, très belles épreuves d'artiste.

MARE (T. de)

117 — **Portrait de Gaillard.**

Deux pièces, très belles épreuves d'artiste dont une d'état avec dédicace.

118 — **Portrait de Fragonard.**

Très belle épreuve d'artiste remarque sur Japon, avec dédicace.

MARTIN. MASSARD

119 — **Le Bateau pilote, d'après Weber. — Illusions perdues, d'après Gleyre.**

Deux pièces, très belles épreuves d'artiste avec remarque sur Japon.

MEISSONIER (E.)

120 — **Le grand Fumeur (cat. H. Beraldi, 13).**

Très belle épreuve d'artiste sur Chine.

121 — **La même Estampe (Copie).**

122 — **Le Sergent rapporteur (14).**

Très belle épreuve d'artiste avant les mots : Impr. Salmon, sur Chine.

123 — **Monsieur Polichinelle (18).**

Belle épreuve.

124 — **Meissonier à cheval, le cheval de trois quarts à gauche (26).**

Premier projet de remarque gravé sur la planche de *La Rixe*, de Bracquemond. Il n'en existe que des épreuves d'essai, après quoi Meissonier, non satisfait de sa gravure, l'a effacée.

Très belle épreuve du 1er état, excessivement rare.

125 — **Meissonier à cheval, le cheval de profil à droite (27).**

Superbe épreuve sur Japon, très rare.

MEISSONIER (D'après)

126 — Borée, par de MARE.

Très belle épreuve d'artiste sur parchemin avec dédicace.

127 — La Barricade, par T. DE MARE.

Très belle épreuve d'artiste sur Japon.

MERCURI

128 — Portrait de Condorcet, d'après A. DE SAINT AUBIN.

Très belle épreuve d'artiste.

129 — Portrait de Christophe Colomb.

Très belle épreuve d'artiste du 2e état.

MÉRYON (CH.)

130 — Présentation à Louis XI du Valère Maxime.

Très belle épreuve d'artiste sur papier ancien.

MORSE (A.)

131 — Musique profane. — Musique sacrée, d'après DUBUFE. — Ophélie, d'après ROSSET GRANGER.

Trois pièces, très belles épreuves d'artiste avec remarque sur Japon. Signées.

O'CONNEL (Mme)

132 — Son portrait par elle-même.

Très belle épreuve d'artiste.

PIGUET (R.)

133 — Une Française de 1889 (Jeanne Granier).

Très belle épreuve d'artiste avec dédicace.

PINELAIS (DE LA)

134 — Toulon (Arsenal de la Marine), suite complète de huit pièces.

Très belles épreuves d'artiste avec dédicace.

RASSENFOSSE

135 — Le Modèle.

Très belle épreuve d'artiste avec croquis dans les marges, tirée en deux tons.

RÉGAMEY (FR.)

136 — L'escrime française du XIXe siècle, estampe en couleur.

Très belle épreuve d'artiste avec remarque. Signée.

ROBIDA (A.)

137 — Après la pluie (lithographie). — Le Mont Saint-Michel, trois pièces (eaux fortes originales).

Quatre pièces, très belles épreuves d'artiste.

ROMAGNOL

138 — Chantre au lutrin, d'après THÉVENOT (gravure sur bois).

Très belle épreuve d'artiste remarque sur pelure avec dédicace.

ROPS (F.)

139 — La lecture du grimoire.

Très belle épreuve d'artiste. Dans la marge, à droite, femme en buste, croquis à la plume, avec la dédicace : A mon bon éditeur Conquet, Félicien Rops.

140 — Rimes de joie, frontispice en couleur.

Très belle épreuve d'artiste.

ROPS (F.)

141 — Lettrine J. de T.

Très belle épreuve sur Japon.

ROPS (d'après)

142 — Son portrait par COURBOIN, couverture du catalogue de E. RAMIRO.

Deux pièces, très belles épreuves d'artiste dont une du 1er état avec dédicace.

143 — Mlle de Maupin, par COURBOIN.

Deux pièces, très belles épreuves d'artiste dont une du 1er état.

144 — La Vie élégante, frontispice.

Très belle épreuve sur Chine volant.

145 — Ma fantaisie, lettrine.

Deux pièces, belles épreuves.

RUDAUX (E.)

146 — Au fond du jardin. — Dans le petit chemin ; deux pièces d'après ses tableaux.

Très belles épreuves d'artiste avec remarque sur parchemin. Signées.

147 — Dans le petit chemin.

Epreuve d'état.

148 — Une Espagnole (lithographie). — Château de Chanteloup. — Escalier de la maison, de Mme AMELOT à Chaillou.

Trois pièces, très belles épreuves d'artiste dont deux avec dédicace.

RODRIGUEZ (G.)

149 — Rêverie, d'après FLANDRIN. — Le Soir, d'après TROYON.

Deux pièces, très belles épreuves d'artiste avec remarque. Signées.

RUET (L.)

150 — Le Troubadour. — Un Importun, d'après L. LELOIR.

Deux pièces, très belles épreuves d'artiste avec remarque. Signées.

SOMM (H.)

151 — Almanachs de 1881, 1882 et 1891.

Trois pièces, très belles épreuves d'artiste dont deux sur Japon, avec dédicace.

TOUSSAINT (H.)

152 — Une Parisienne, d'après R. COLLIN.

Très belle épreuve d'artiste sur parchemin, avec dédicace.

WILLETTE (A.)

153 — La Blanchisseuse du Paradis. — Le Mendiant. — Les petits pavés. — Exposition de lithographie.

Cinq pièces, belles épreuves.

VIGNETTES

PORTRAITS POUR ILLUSTRATIONS, ADRESSES

MENUS, PROGRAMMES

154 — **Abot**. Portraits de L. Halévy, P. Loti, Acteurs, Actrices.

Huit pièces, très belles épreuves d'artiste.

155 **Avril** (P.). Portrait de Mario Uchard, 1er et 2e état, plus les deux encadrements.

Quatre pièces, très belles épreuves d'artiste.

156 — **Bellenger** (Clément). Fumés, d'après Dunki pour l'illustration de *Servitude et Grandeur militaires*, d'Alfred de Vigny.

Sept pièces, plus deux doubles, ensemble neuf pièces sur pelure.

157 — **Boilvin**. Poésies de Coppée (Édition Lemerre). Suite complète de dix sujets en double état sur Japon : 1° avec les remarques gravées spécialement pour l'artiste ; 2° épreuves terminées ; plus un portrait.

Ensemble vingt et une pièces, très belles épreuves, cart. Envoi de l'auteur.

158 — **Boisson**, **Champollion**, **Toussaint**. Vignettes pour Boileau, Victor Hugo.

Huit pièces, très belles épreuves d'artiste.

159 — **Burney**. Portraits de A. Dumas, — V. Hugo, — V. Sardou, — É. Zola.

Cinq pièces, très belles épreuves d'artiste.

160 — **Champollion**. Les Femmes antiques, par Jean Bertheroy.

Dix pièces sur Japon (Bons à tirer).

161 — **Charbonnel**. Caricatures et portraits sur Balzac et Musset, — Namouna, — A quoi rêvent les jeunes filles, — La coupe et les lèvres ; d'après Célestin Nanteuil. Suite complète.

Sept pièces, très belles épreuves d'artiste sur Japon.

162 — **Cochin**. Vignettes pour l'*Émile* de J.-J. Rousseau.

Six pièces, belles épreuves.

163 — **Dubouchet, Hédouin, Lessore.** Portraits de A. Daudet, — V. Hugo, — A. de Musset, — A. de Vigny, etc.

Sept pièces, très belles épreuves d'artiste.

164 — **Foulquier.** Sous la Charmille, d'Édouard Navarre. Suite complète de sept pièces.

Très belles épreuves d'artiste.

165 — **Foulquier.** Les contes Rémois de M. le comte de Chevigné. Suite complète de huit pièces dont trois d'après Meissonier.

Très belles épreuves d'artiste sur Chine.

166 — **Foulquier** (V.), **Damman.** Portraits de M. A. Mame. — J. Lubboch, etc.

Trois pièces, très belles épreuves d'artiste.

167 — **Giacomelli.** Le Violon de faïence (La mort de Gardilane), vignette originale.

Très belle épreuve d'artiste sur papier ancien, avec dédicace.

168 — **Giacomelli** (H.). Ex-libris Jolly Bavoillot, quatre épreuves — Paysages, — Oiseaux ; gravures et fumés.

Treize pièces, très belles épreuves d'artiste.

169 — **Lalauze.** Œuvres de Millevoye. Suite complète de six pièces et un portrait. (Exempl. de M. L. Conquet).

Très belles épreuves d'artiste sur Japon.

170 — **Lalauze.** Suite complète de une vignette en tête, six estampes et un cul-de-lampe pour *Paul et Virginie* de Bernardin de Saint-Pierre.

Epreuves d'artiste sur Hollande.

171 — **Lalauze, Varin, etc.** Portraits de Mlle Julie d'Angenne, Beaumarchais, P. Arétin.

Cinq pièces, très belles épreuves d'artiste.

172 — **Lamotte** (A.). **Le Rat, etc.** Portraits de M. le comte de Vogué, A. Delvau, Stendhal, G. Flaubert.

Six pièces, très belles épreuves d'artiste.

173 — **Levasseur.** Le Christ en croix, d'après Thomas. — La Vierge, d'après Delaplanche. — saint Vincent-de-Paul, d'après Falguière. — La Prière, d'après Dubois. — Suite complète de quatre pièces pour le *Livre d'offices* de Marius Michel et fils.

Très belles épreuves d'artiste sur Chine.

174 — **Mare** (de). H. Fragonard. — Molière. — Bal paré, d'après Moreau le Jeune. — Frontispice.

Cinq pièces, très belles épreuves d'artiste.

175 — **Méaulle**. Fumés de vignettes, d'après L. Morin, Scott, etc.

Six pièces.

176 — **Morin** (L.) Fumés de D. Vierge pour le *Cabaret des trois vertus.*

Douze pièces.

177 — **Nargeot.** Suite complète de : Un Portrait, d'après Le Mire et de trois vignettes, d'après Le Barbier, pour les *Confessions* de J.-J. Rousseau.

Quatre pièces, épreuves d'artiste sur Chine.

178 — **Nargeot.** Portraits de A. Daudet, H. Murger, J. Claretie, Brisson, Gambetta.

Sept pièces, très belles épreuves d'artiste.

179 — **Pinelais** (de la). Portraits. — Menu. — Almanach. — *Ex libris* de Salverte.

Sept pièces, épreuves d'artiste.

180 — **Prud'hon** (D'après). Aminta. — Abrocome et Anzia, par Roger.

Deux pièces, très belles épreuves.

181 — **Portraits.** Adeline par lui-même. — Fromentin, par Bida. — V. Foulquier par lui-même. — Marius Michel, par Hédouin. — Georges Sand, par Desmadryl.

Cinq pièces dont quatre en épreuves d'artiste.

182 — **Van Muyden (Evert), Wagner, Weber.** Série de seize compositions et un titre gravés à l'eau-forte par Evert Van Muyden et de lithographies originales de Wagner et Weber pour l'illustration des *Fleurs du mal* de Baudelaire. (Société des cent bibliophiles.)

183 — **Vidal.** Le Parc Monceau. — Le Moulin rouge : lithographies en couleur.

Deux pièces sur une même feuille.

184 — **Vignettes** pour Molière, V. Hugo, Flaubert, Rousseau.

Douze pièces, épreuves d'artiste.

185 — **Vignettes** pour *La Salambo* de G. Flaubert.

Quatre pièces, épreuves d'artiste.

186 — **Vignettes** pour différents ouvrages modernes, par Jeanniot, P. Avril, H. Somm, P. Léonnec.

Quatorze pièces, épreuves d'artiste.

187 — **Willette** (A.). La Vague. — Manon Lescaut.

Trois pièces, belles épreuves.

188 — **Adresses.** Morin. — Delorière. — Lefilleul. — Boutet. — Daumont. — Vierge. — Teyssonnières.

Neuf pièces, belles épreuves.

189 — **Ex-libris.** Les Goncourt, par Gavarni. — Comte Amelot. — E. Berveiller, etc.

Six pièces, épreuves d'artiste.

190 — **Menus** par Louis Morin, Chartran, Baschet, Dubouchet.

Huit pièces, épreuves d'artiste.

191 — **Programmes** par Regamey, Detaille, H. Somm, Arcos, Teyssonnières.

Six pièces, belles épreuves.

192 — Sous ce numéro il sera vendu quelques gravures non cataloguées.

AQUARELLES, DESSINS

POUR ILLUSTRATIONS

ADELINE (J.)

193 — Vignette pour les Graveurs du XIXe siècle.

Dessin au crayon, rehaussé d'aquarelle.

194 — Les décors des cinq actes d'*Hernani*.

Six aquarelles.

ATALAYA

195 — Illustrations pour *Rinconête* et *Cortadillo*, de Cervantès.

Dix dessins au lavis d'encre de Chine.

AVRIL (P.)

196 — **Longus.** Premières compositions des sujets devant servir à l'illustration de *Daphnis et Chloé*.

Seize croquis au crayon et à la plume.

197 — **Vogué** (De). Le Manteau de Joseph Olenine.

Deux aquarelles.

198 — Sujet mythologique, projet d'illustration.

Dessin au lavis d'encre de Chine.

CHARMES (A. de)

199 — Soldat près de son cheval blessé.

Dessin au lavis d'encre de Chine.

COUTURIER

200 — Croquis militaires.

Deux dessins au crayon, avec dédicace.

EVRARD (Cap^e^)

201 — Costumes militaires français et étrangers.

Dix-huit aquarelles.

FRAIPONT

202 — Grande composition contenant les vignettes des ouvrages publiés par L. Conquet de 1881 à 1886.

Dessin à la plume.

203 — Grande composition contenant les vignettes des ouvrages publiés par L. Conquet durant les années 1886, 1887.

Dessin à la plume.

204 — Grande composition contenant les vignettes des ouvrages publiés par L. Conquet durant les années 1887, 1888 et 1889.

Dessin à la plume.

HENRIOT

205 — En Hiver; composition formant encadrement pour un texte réservé.

Dessin à la plume.

JAZET (P.)

206 — Les Cuirassiers blancs.

Aquarelle faite sur le titre de « la Canne de M. Michelet » ; au dos une lettre d'envoi de l'artiste à M. Léon Conquet.

LEMUD (De)

207 — Un Croisé près de son cheval abattu.

Très beau dessin à la plume. Signé.

MICHEL (Marius)

208 — Titre pour les Estampes de Moreau le Jeune.

Dessin à la plume et au lavis.

MONNIER (D'après Henry)

209 — Les deux Grenadiers. — La Mère aveugle. — La marquise de Prétintaille. — La Gaudriole, par E. Evrard.

Quatre aquarelles.

ROBAUDI

210 — Grande composition contenant les vignettes des ouvrages publiés par L. Conquet durant les années 1889, 1890, 1891.

Dessin à la plume.

211 — **Chénier** (André). Projet de frontispice pour les poésies.

Dessin au crayon, rehaussé d'aquarelle.

212 — **Balzac.** Projet d'illustration pour la *Femme de trente ans.*

Trente croquis au lavis d'encre de Chine et au crayon.

ROBAUDI

213 — **Balzac.** Projet d'illustration pour *Une Ténébreuse affaire.*

Quinze croquis au lavis d'encre de Chine et au crayon.

ROBIDA, LÉONNEC (P.)

214 — Souhaits du jour l'an. — Paysage.

Deux dessins à la plume. Signés.

TOUDOUZE

215 — Frontispice pour *Mlle de Maupin*, de Th. Gautier.

Très beau dessin à la plume rehaussé, avec dédicace à L. Conquet. Encadré.

VOGEL

216 — Homme assis lisant. — Homme appuyé. — Trophée militaire.

Trois dessins à la plume. Signés.

217 — **Vogué** (de). Compositions pour l'illustration du *Manteau de Joseph Olénine.*

Douze dessins au crayon, attribués à Kaufmann.

www.ingramcontent.com/pod-product-compliance
Ingram Content Group UK Ltd.
Pitfield, Milton Keynes, MK11 3LW, UK
UKHW020514180726
13839UKWH00005B/2090